身近な食材で
からだが喜ぶ、野菜レシピ

増子友紀子

料理の本棚

エムディエヌコーポレーション

Prologue

薬膳の知識を使った野菜のレシピでからだの調子を整えよう

薬膳との出会いは、母に大病が見つかったことがきっかけです。27歳の頃、イタリアンレストランのオーナーシェフとして念願の自分のお店を持ち、8年ほど多忙な日々を送っていましたが、ストレスと過労で体調を崩したことがありました。ちょうどそのとき、母に脳腫瘍が見つかり、入退院を繰り返す日々。何かできることはないかと真剣に考え、出会ったのが薬膳です。食材の効能を知れば知るほど、毎日の食事作りが楽しくなりました。理解が深まるたびに、私も母の力になれていると実感できるということがとてもうれしかったことをおぼえています。

　また、薬膳を学んでいく中で、こんな大切なことにも気づきました。「人は良くも悪くも、日々変化していくもの」ということ。自分のからだや心の変化に目を向けると、自分にもやさしくなれます。不調があっても知識があれば、身近な食材を組み合わせて取り入れることができます。

　この本では、薬膳の知識を使った野菜のおかずをたくさん紹介しています。Instagramで紹介しているレシピはもちろん、新作レシピも掲載しました。どれも簡単で、とにかくおいしいから、毎日の食事に取り入れてみてください。

　食べて健康になれるって最高に幸せなことだと思いませんか？　今日も一日生きていて良かったと思えるような一品を届けたい。私の薬膳の知識であなた自身の人生の土台を支えることができたら、とてもうれしく思います。

料理家／国際薬膳師　増子友紀子

もくじ

Part 3 からだが喜ぶ　野菜のスープ

Part 4 からだが喜ぶ　野菜のごはん・麺レシピ

あなたの不調はなんですか？

病院に行くほどではないけれど、日々なんとなく感じるからだの不調。身近な食材を毎日の食事に取り入れることで改善できたら良いと思いませんか？　そこでおすすめしたいのが、本書で紹介している「まいにち薬膳」。薬膳というと少し難しく感じるかもしれませんが、自分をより良く整えていく方法の1つとして、毎日の食生活に取り入れてもらえたらと思います。まずは、自分にあてはまる不調を改善する食材を選ぶところからはじめましょう。

薬膳とは、中医学の考え方を基本に、季節や体質の変化に合わせて、旬の野菜や果物を選んで作る料理のこと。中医学では、不調とは、生きるのに不可欠な「気・血・水（津液）」とこれらを作って貯蔵する「五臓（肝・心・脾・肺・腎）」のバランスが乱れた状態を指しているため、これらのバランスを整えるためにも、食材の性質や効能、特徴的な働きを見極めて組み合わせることが重要です。

【花粉症】

胃腸の働きを活発にして免疫力を高め、血の巡りを良くする食材を取り入れましょう

スギやヒノキなどの植物の花粉が、鼻や目の粘膜に触れることで発症する花粉症。くしゃみや鼻水など様々な症状が現れます。くしゃみが出やすいタイプはエネルギー源やからだを温める食材を、鼻水が止まらないタイプは、からだを温める食材で冷え性を改善し水分代謝の活性化を、鼻がつまりやすいタイプは、水分代謝を活性化し、体内に残った余分な熱をやわらげる食材を取り入れましょう。

菜の花

からだを温め、気や血の巡りを良くするので、鼻水が止まらないタイプやくしゃみが出やすいタイプに。

白菜

からだの熱を除去し、イライラした気分を鎮める。体内に熱がこもることで起きる鼻づまりタイプに。

まいたけ

気を補い、血液の循環や水分の代謝を促す作用を持つ。免疫力アップや冷え性の改善に取り入れて。

そのほかの食材	青じそ・ごぼう・みそ etc…

【更年期】

血の巡りを良くし、穏やかに熱を冷ましてくれる食材を

50歳前後で閉経を挟む約10年ほどを更年期と呼びます。この期間は閉経に向け、女性ホルモンが急激に減少するため、様々な体調の変化を感じるようになります。めまいやほてり、疲労感のほか、気分の浮き沈みやイライラ、不眠、意欲低下などが起こりやすくなります。血の巡りを良くして熱を冷ます食材や、ホルモン分泌を調整し、精神を鎮める作用のある食材を取り入れましょう。

黒ごま

気と血が不足することで引き起こされる疲労感や情緒不安の改善に。気と血を補うため、疲労回復にも。

プルーン

血を補い、血の巡りを改善し、目にも良い作用をもたらす食材。デザートはもちろん、煮込み料理にも。

ほうれん草

熱を冷まし、血と水を補う作用を持つのでめまいやほてり、イライラや不安の感情を落ち着かせる効果も。

そのほかの食材	かつお・豚肉・いわし・ナツメ etc…

【生理不順】

気の巡りを良くしたり、血行を良くする食材を

生理は25～38日の周期で、3～7日ほど続くのが一般的ですが、その周期が不安定で定まらなかったり、生理がこなかったりする場合を生理不順と言います。薬膳では、生命活動のエネルギーである「気」や全身に栄養を運ぶ「血」の量の低下や滞りなどが原因と考えられているので、からだを温め、気を巡らせて憂鬱な気分を緩和したり、血を補う食材を取り入れて生理不順を改善しましょう。

ミント

気の巡りを良くしながら、清涼感のある香りで気分をリフレッシュ。イライラしがちな人におすすめ。

クコの実

疲労回復、滋養強壮、老化防止の効能を持つ。気の巡りを良くし血を補うほか、生殖機能を整える作用も。

玉ねぎ

気や血を巡らせ、からだを温める作用を持つ。様々な料理に取り入れて、体内に滞ったドロドロ血を改善。

そのほかの食材	ナツメ・いか・みかんの皮 etc…

【肌荒れ】

乾燥、シミ、たるみなどの症状に合わせた食材を取り入れて

紫外線や花粉、大気汚染などの外的刺激や、ストレスや睡眠不足、ホルモンバランスの乱れなどによって引き起こされる「肌荒れ」。カサカサと乾燥する場合は、肌の潤いがないので血や水を補う食材を、シミやくすみの場合は、血行不良からくるので、からだを温めて血の巡りを良くする食材を、たるみや毛穴の開きが目立つ場合は、水分代謝を促しおなかの調子を整える食材を取り入れましょう。

落花生

血を補い、気の巡りを良くするので、シミやくすみが気になる人に。便秘や疲労回復にも効果的。

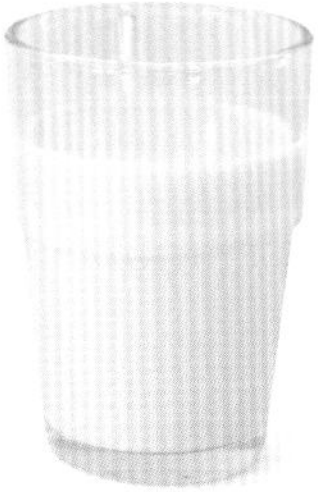

豆乳

からだの乾燥を潤す作用がある。不要な水分を排出する利尿作用もあるので、乾燥肌のトラブルやたるみに。

黒豆

おなかの調子を整え、水分代謝をアップさせるのでむくみやたるみ予防に。高たんぱくなので滋養強壮にも。

そのほかの食材	白きくらげ・鮭・黒ごま・鶏手羽先 etc…

【髪のパサつき】

血を補い、貧血を予防する黒い食材を取り入れて

紫外線を浴びたり、食欲不振による栄養不足などにより、髪が傷んでパサつきがち。薬膳では、髪は血の余剰といわれ、美髪は十分に血が補われ、全身のすみずみまで巡ることで作られると考えます。髪のパサつきは、疲れやすく、胃腸が弱いので体力がない、それ以外にも過度のストレスや、栄養不足などが考えられます。血を補い、全身に巡らせたり、貧血を予防する食材を取り入れましょう。

黒きくらげ

血の巡りを良くして、疲労を改善するほか、からだを潤す作用も。髪の乾燥を防ぎ、つやを取り戻す。

ひじき

血行を良くして水分代謝を促し、貧血予防や美髪、美肌を作るので、日々の料理に取り入れて。

松の実

栄養価が高く、精力がつく食材。からだを温め、肌や髪に潤いを与え、滋養強壮と老化予防に効果的。

そのほかの食材	黒ごま・黒豆・わかめ etc…

【デトックス】

解毒、発汗、
利尿作用があり
老廃物を排出する食材を

デトックスとは、体内に溜まった有害物質、すなわち毒素を排出させること。解毒の要となる肝機能を高める食材を取り入れましょう。また、薬膳では、健康なからだを保つためには、余分なものの排泄が大切と考えます。体外に毒素を排泄するために、尿や便を促す食材を適度に取り入れ、しっかりと血を補いながら、肝機能を高めましょう。また、甘いものの取りすぎやお酒の飲みすぎも注意が必要です。

青じそ

滞った気の巡りを改善し、胃腸の調子を整え、解毒作用もあるデトックス食材。薬味としてストックを。

なす

からだを冷やし、胃腸の機能を高める。利尿作用があるので、むくみの改善に。血を巡らせる効果も。

冬瓜

からだにこもった熱を取り除くほか、利尿作用がある。余分な水分を排出し、デトックス効果が期待できる。

そのほかの食材	山いも・まいたけ・りんご・烏龍茶 etc…

【アンチエイジング】

老化のスピードを調整する
などエイジングケア効果の
ある食材を

不摂生な生活を送ったり、冷えやストレスなどにより、からだの老化は加速すると言われます。いつまでも若々しくいたいなら、老化予防効果のある食材を。成長や発育、生殖をコントロールする機能が弱まると老化が進むため、この機能を高めてくれる黒い食材や、エネルギーをしっかり蓄える滋養強壮効果のある食材を取り入れながら、気力や体力を向上させ、若々しいからだを保ちましょう。

昆布

薬膳の黒食材である海藻類の中でも、とくに老化防止に役立つ食材。気力をアップさせ、若々しさを保つ。

ほたて

各臓器の機能を高め、滋養強壮やアンチエイジングに効果的。胃の働きを良くし消化吸収を高める作用も。

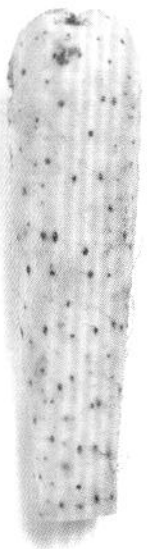

山いも

滋養強壮の作用があり、気を補うので、スタミナアップに。肌を潤す効果もあるのでアンチエイジングに。

そのほかの食材	黒米・栗・黒きくらげ・どんこしいたけ etc…

【胃もたれ】

消化を促して
胃腸の調子を
整える食材を取り入れて

食べすぎ、飲みすぎの日々が続くと、胃に大きな負担がかかり、胃が重い、ムカムカするなどの胃もたれを引き起こすことになります。薬膳では、食べすぎや消化能力の低下で消化不良を起こしていると考えます。胃腸をいたわる食事を心がけましょう。水の代謝をスムーズにする食材や消化しやすい食材、消化を助ける食材を取り入れ、胃の負担を軽減させましょう。

大根

ジアスターゼやアミラーゼなどの消化酵素が豊富に含まれ、胃腸の働きを助け、胸焼けや胃もたれに作用。

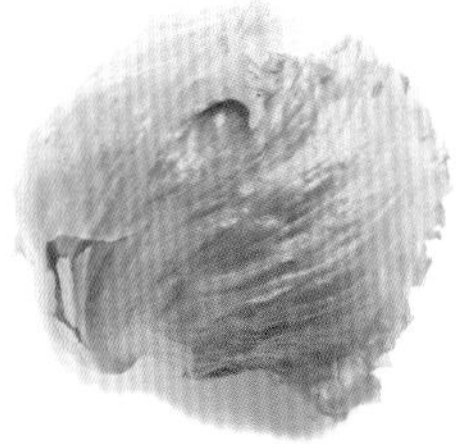

レタス

気を巡らせ、余分な熱や水分を体外に排出する食材。食べすぎで胃に熱が溜まって起こる胃もたれに。

しょうが

からだを芯から温め、胃に作用するので、消化不良を改善させ、胃もたれなどの不調に効果を発揮。

そのほかの食材	砂肝・もやし・はと麦・とうもろこし茶 etc…

【食欲低下】

胃の働きを高め、
胃腸を丈夫にする食材を

いつもより食欲がない…という食欲低下は、胃腸が弱っていたり、ストレスや生活習慣など原因も様々。薬膳では、消化機能が落ちていると考えるため、胃腸を元気にする食材を取り入れ、脂っこいものや甘いもの、味が濃いものはなるべく避けるようにしましょう。そのほか、病気が隠れていることも考えられるので、食欲低下が続く場合は、早めに医療機関を受診することをおすすめします。

鶏肉

胃腸を温め、消化機能や胃の働きを助ける作用がある。消化吸収しやすいので、食欲低下の改善に。

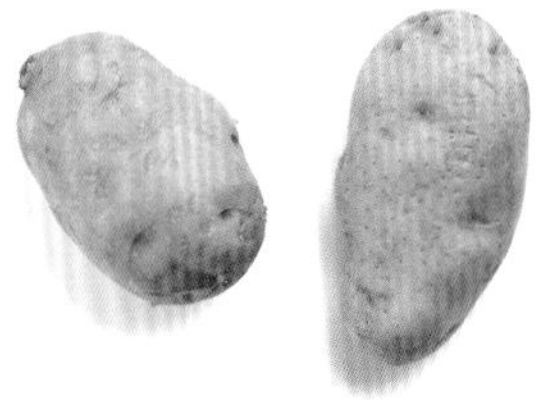

じゃがいも

消化機能と胃の働きを高め、胃腸を丈夫にし、元気を補う。ビタミンCが多いのでストレスの軽減にも。

オートミール

気を補い、胃腸機能の低下に作用する燕麦を加工した食品。消化機能を高め、胃の働きを整える効果が。

そのほかの食材	うるち米・カリフラワー・かぼちゃ etc…

【疲労】

消化吸収を促し、気を補う食材で回復を

知らず知らずのうちに溜まっている疲労。過労や過剰なストレス、環境の変化、睡眠不足、気候の変化などによって、疲れやすい、元気がない、からだがだるいなどの症状が現れます。薬膳では、疲れて元気が不足している時は、消化機能が低下し、気が少なくなると考えます。気を巡らせる食材や、胃腸の働きを助ける消化吸収の良い食材、エネルギー補充できる食材を取り入れましょう。

卵

ビタミンCと食物繊維以外をすべて含む完全栄養食品。血や気を補い、消化吸収を高めるので疲労回復に。

キャベツ

ビタミンUなど胃腸の働きを良くするため、からだ全体の気力が高まり、疲れやだるさの解消に役立つ。

かぼちゃ

からだを温め、消化機能と胃腸の働きを助ける作用がある。エネルギーになりやすいので疲労回復に。

そのほかの食材	玉ねぎ・豚肉・たこ etc…

【不眠】

気や血の巡りを良くして心を落ち着かせる食材を

なかなか眠れない、夢ばかり見て熟睡できない、途中で目が覚めてしまう…などで、日常生活に支障をきたす状態が不眠です。薬膳では、気や血の巡りが悪いなど何らかの異常が起こっていると考えます。エネルギーが停滞して引き起こされる不安感や気の熱が高い神経過敏、気と血が不足して体力がないなどが不眠の原因としてあげられます。気や血を補い、巡らせる食材を取り入れましょう。

にんじん

消化機能を高め、血を補い、気の巡りを良くするほか、目の疲れ、かすみ、充血の改善にも効果的。

りんご

ストレス性の体内に溜まった余分な熱を抑え、血の巡りを良くするので不安感やあせりの軽減にも。

チーズ

熱を取り去る作用を持ち、水分を補って血を補い、気の巡りを改善。神経過敏で熟睡できないタイプに。

そのほかの食材	春菊・ナツメ・ぶどう etc…

野菜のおいしい下ごしらえ

この本で紹介している薬膳の知識を使った野菜のレシピは、からだの調子を整えるだけではなく、本当に簡単に作れるのにすごくおいしいから、たくさん作ってもらえたらうれしく思います。野菜のおかずをおいしく作る秘訣は、下ごしらえを丁寧に行うこと。ぜひ、このおいしさを皆さんにも実感してほしいから、代表的な野菜の下ごしらえと切り方を一部ご紹介します。ここで紹介する以外に、この本のレシピを見てわからない下ごしらえや切り方などがあったら、Instagramの動画でチェックしてみてくださいね。

皮をむく／スライスする

かたい皮をむくためにピーラーを使うと便利。
そのままスライスするのもおすすめ。

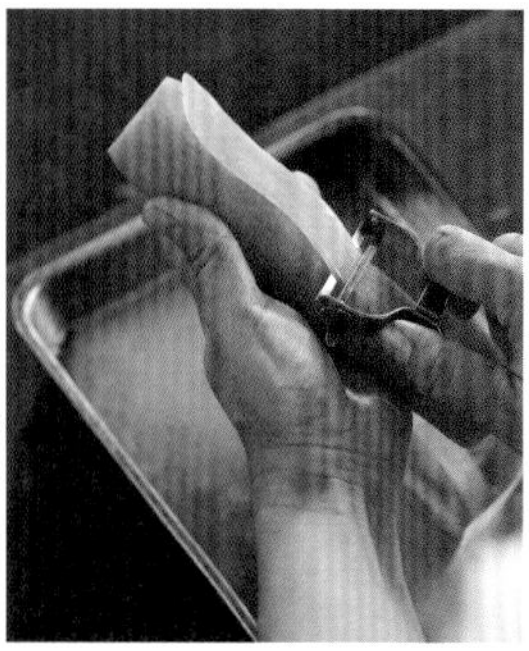

にんじん

薄い皮はピーラーでむき、そのままリボン状にスライスします。

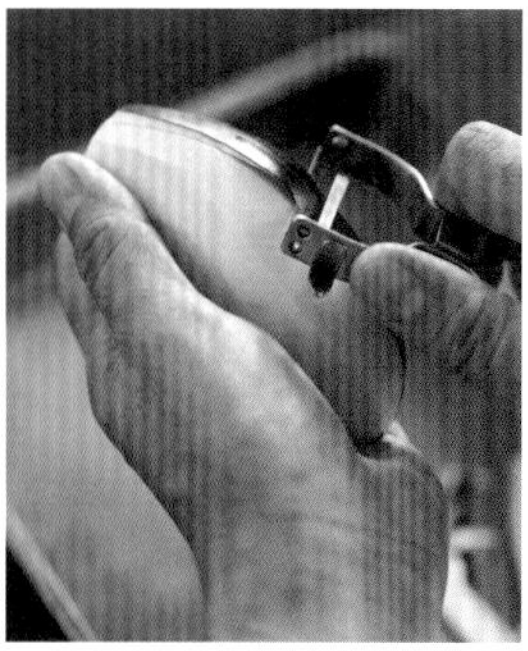

なす

なすの皮をむくときもピーラーを使うと簡単です。

トマトの湯むき

なめらかな口あたりにするための、
トマトの皮のむき方をマスターしましょう。

1

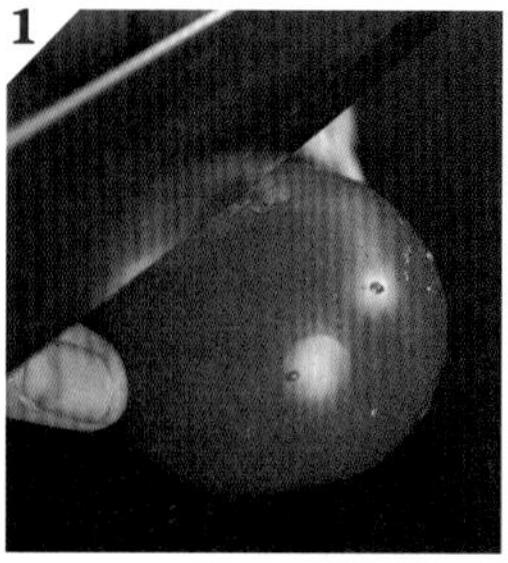

ヘタをくり抜き、反対側に包丁で十字に切り込みを入れます。

2

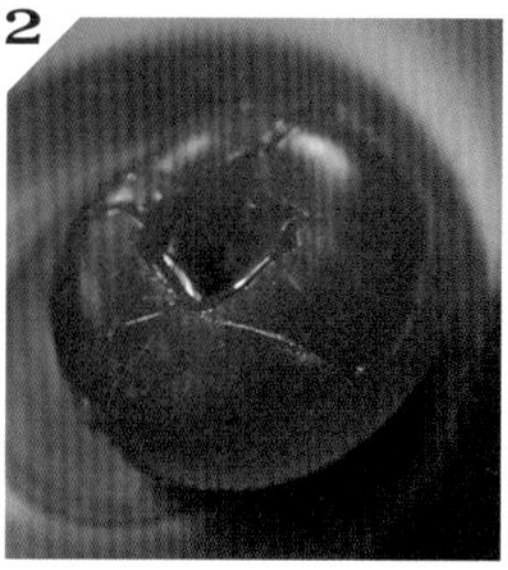

沸騰した湯に入れて皮が弾けてむけてきたら取り出します。

3

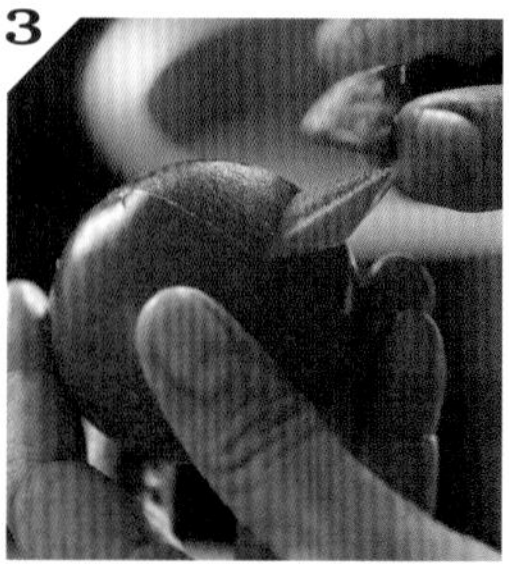

冷水にとり、粗熱をとってから、皮を指でつまんで丁寧にむきます。

しょうがのみじん切り

しょうがの薬効をすべて取り入れるなら
皮ごと刻むこと。香りもしっかり感じられます。

皮はよく洗い、端から薄切りにして横に倒してせん切りに。直角に端から細かく刻みます。

大根の十字の切り込み

厚めに切った大根はなかなか火が入らないので、
隠し包丁を入れるのがポイントです。

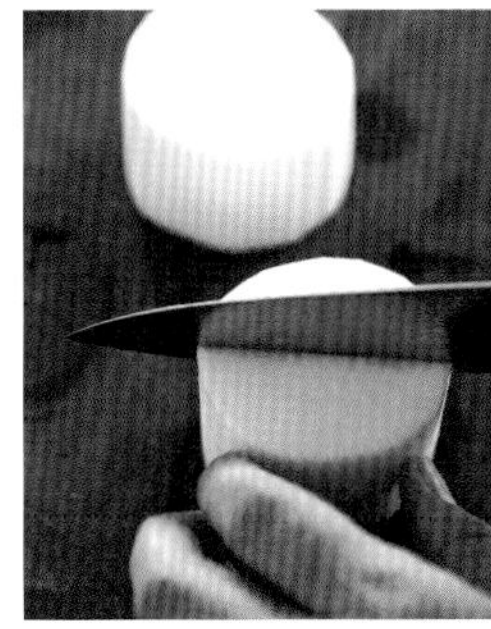

大根は厚めに皮をむき、3cm厚さの輪切りにして十字に切り込みを上から1/3ぐらい入れます。

みょうがの下ゆで

みょうがを甘酢漬けやピクルスにするときは、
さっと下ゆでして色鮮やかにします。

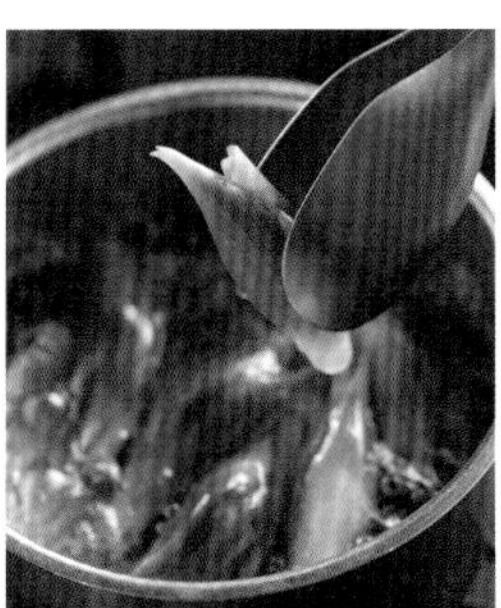

沸騰した湯に丸ごとのみょうがを入れて30秒ほどさっとゆでて水にとります。

玉ねぎのレンチン

玉ねぎを素早く加熱するなら、断然、電子レンジ加熱がおすすめ。皮ごとのほうが美味。

皮ごと洗った玉ねぎ1個は4等分に切って耐熱容器に入れ、電子レンジで3分ほど加熱。

MEMO

下ごしらえを丁寧にすることで野菜はもっとおいしくなる

野菜料理を作っても、いまいちおいしくできないと思ったら、下ごしらえを丁寧にするところからはじめましょう。丁寧に泥を洗い、かたいヘタや皮を取り除く、食べやすい大きさに切る、切り方を揃える、水にさらすなど、ちょっと意識するだけで本当においしくなると思います。

高野豆腐のもどし方

高野豆腐をあまり使ったことがない人は、
もどし方のコツをおぼえましょう。

50℃の湯をかぶるぐらい注いで30秒おき、ギュッと押して水けをしっかりしぼります。

この本の使い方

○本書では、からだや心の不調の予防や改善に役立つ食材とレシピを、効能別に紹介しています。自分の症状に合ったレシピを見つけてみてください。

○材料は作りやすい分量を基本にしています。レシピによっては、2～3人分などもあります。

○計量単位は大さじ1＝15mℓ、小さじ1＝5mℓとしています。

○電子レンジは600Wを基本としています。500Wの場合は加熱時間を1.2倍にしてください。

○「少々」は小さじ$\frac{1}{6}$未満、「1つまみ」は小さじ$\frac{1}{6}$程度、「適量」はちょうど良い量を、「適宜」は好みで必要があれば入れることを示します。

○野菜を洗ったり、皮をむいたりなどの下処理の表記は省略しています。

○保存の際には、食品の粗熱をしっかりととり、清潔な箸や容器を使ってください。

○紹介している効能は、個人や体質によって作用が変わります。

Part 1

からだが喜ぶ冷たい野菜のおかず

暑い夏の日や、
イライラやモヤモヤを感じたり、
なんだかからだがほてっている時は、
冷たい野菜のおかずでからだを
スーッと冷ましてあげましょう。
さっぱりとしていて、お箸も進みます。
野菜の食感を楽しみながら、召し上がれ。

レーズンの
やさしい甘さと、
松の実の食感を
アクセントに

にんじんと松の実、レーズンのサラダ

材料（2～3人分）
にんじん…180g
塩…少々
レーズン・松の実…各40g
A りんご酢・オリーブ油…各大さじ2
　はちみつ…小さじ1
チャービル…適量

作り方
1 にんじんはピーラーでリボン状にスライスしてボウルに入れ、塩を加えてもむ。15分ほどおき、水けをしぼる。
2 ボウルに**1**、レーズン、松の実、**A**を入れて混ぜ合わせる。冷蔵庫で30分以上おき、味をなじませる。
3 器に盛り、チャービルを散らす。

効能
◎目の不調
◎巡りアップ
◎エイジングケア

薬膳メモ
血を補うにんじんとレーズンに、潤いアップの松の実を合わせて、目の不調や血の巡り、エイジングケアにもぴったりの一品！

なすは一度焼いて、油を吸わせると美味

やみつきしそなす

材料（作りやすい分量）

なす…3本

青じそ…適量

A クコの実…大さじ2
めんつゆ（2倍濃縮）・ポン酢しょうゆ…各100mℓ
ごま油…大さじ1

オリーブ油…大さじ3〜4

作り方

1 なすは1〜1・5cm幅の斜め切りにする。

2 フライパンにオリーブ油を中火で熱し、**1**を両面に焼き色がつくまで焼く。

3 保存容器に**2**、青じそを交互に重ねて並べ、混ぜ合わせた**A**をかける。粗熱をとり、冷蔵庫で1時間以上おいて味をなじませる。

効能

◎疲労回復
◎食欲不振
◎ストレス緩和

薬膳メモ

なすと青じそは、血の巡りを良くしてくれる食材。さらに、青じそは気の巡りも促すので、ストレス緩和をもたらします。

気持ちが
すっきりとするような
さわやかさが◎

みょうがレモン

材料（作りやすい分量）
みょうが…10個
レモン…1/2個
自家製寿司酢（P78参照／昆布やクコの実適量）…80mℓ

作り方
1 鍋に湯を沸かし、みょうがを入れてさっとゆでて水けをきる。
2 レモンは皮をむいて、果肉を小さめの角切りにする。
3 保存袋に**1**、**2**、自家製寿司酢を入れてやさしくもみ込み、冷蔵庫で1時間以上漬ける。
4 みょうがを縦半分に切り、器に盛る。

効能
◎更年期ケア
◎月経痛緩和

薬膳メモ
みょうがは血行を良くしてくれる香り豊かな食材。更年期の不調を緩和したり、月経時の痛みや不順の改善にも効果的です。

しょうがは少し
厚みをもたせて
切るのがポイント

新しょうがのクコガリ

材料（作りやすい分量）
新しょうが…400g
クコの実…30g
A りんご酢（または酢）…200㎖
　はちみつ…40g
塩…小さじ1

作り方
1 しょうがは薄切りにする。
2 鍋にクコの実、**A**を入れて混ぜながら火にかけ、煮立ったら**1**を加える。再度煮立ったら火を止め、粗熱がとれたら保存容器に移し、冷蔵庫で1時間以上おく。

＊1日以上おくとよりおいしい。

効能
◎胃腸回復
◎冷え緩和
◎むくみ緩和

薬膳メモ

しょうがは冷え緩和のほかに、消化を促したり、むくみ緩和に。クコの実を入れて血の巡りを促し、エイジングケアの効果もアップ。

ごはんのおともとして、
たまらない一品

梅しそ漬け

材料（作りやすい分量）
青じそ…10枚
梅干し（種は取り除く）…1個分
A しょうゆ…大さじ2
みりん…大さじ1
はちみつ…小さじ1

作り方
1 ボウルに梅干し、**A**を入れ、梅干しをスプーンで粗くつぶしながら混ぜ合わせる。
2 保存容器に青じそ1枚を入れ、**1**を小さじ1かける。残りも同様に繰り返し、冷蔵庫で15分以上おく。
*みりんのアルコールが気になる場合、耐熱容器に入れてラップはかけず、電子レンジで1分ほど加熱する。

効能
◎花粉症緩和
◎免疫力アップ
◎ストレス緩和

薬膳メモ
青じそは免疫力アップ・冷えとりの食材。血流を良くし、からだ全体の巡りを促します。ストレスの軽減や、花粉症、アレルギーの緩和効果も。梅干しは、胃腸の働きを整えます。

トマトと玉ねぎのお出汁マリネ

材料（2〜3人分）
トマト（小）…8個
玉ねぎ…1/2個
A 水…150㎖
白だし…50㎖
みりん…小さじ2

作り方
1 トマトは十字の切り込みを浅めに入れる。玉ねぎは薄切りにする。
2 鍋に湯を沸かし、トマトを入れ、数秒湯通ししたら（切り込みを入れた皮の先が浮いた状態になったら）すぐに冷水にとる。皮をむき、キッチンペーパーで水けを拭き取る。
3 鍋の湯を捨ててさっと拭き、**A**、玉ねぎを入れてひと煮立ちさせる。
4 耐熱の保存容器に**2**、**3**を入れ、粗熱がとれたら冷蔵庫で1時間以上おいて味をなじませる。
5 器にトマトを盛り、玉ねぎをのせる。

効能
◎巡りアップ
◎美肌
◎更年期ケア（特にほてり）

薬膳メモ

トマトはほてりを鎮めてからだにこもった熱を緩和してくれる食材。潤いをもたらし、血流も健やかにしてくれるので、美肌効果も期待できます。おなかが冷えている時は控えめに。

お出汁が染みた
玉ねぎの食感がたまらない

マスタードの風味と
はちみつの組み合わせが
クセになる

パプリカのハニーマスタード

材料（2〜3人分）
パプリカ（赤・黄）…各1個
A 粒マスタード…大さじ2
オリーブ油…大さじ1
りんご酢・はちみつ…各小さじ1
塩…1つまみ

作り方

1 パプリカはオーブントースター（または魚焼きグリル）で、数分ごとに向きを変えながら表面が黒くなるまで焼く。粗熱がとれたら皮をむき、1・5〜2cm幅に切る。

2 ボウルに**A**を入れて混ぜ合わせ、**1**を加えてあえる。冷蔵庫で1時間以上おいて味をなじませる。

効能
◎食欲不振
◎巡りアップ
◎ストレス緩和

薬膳メモ

食欲不振やストレス緩和に有効なパプリカ。冷えを緩和するマスタードと合わせて、気血の巡りをアップ。鬱々とした時や、冷え性の方にもおすすめです。

濃厚なアボカドを
めんつゆに漬けるだけ

めんつゆアボカド

材料（作りやすい分量）
アボカド…2個
A―めんつゆ（2倍濃縮）・水…各100mℓ
白いりごま…適量

作り方
1 アボカドは四つ割りにし、1㎝幅に切る。
2 耐熱の保存容器に**A**を入れ、電子レンジで1分30秒加熱して**1**を加える。粗熱をとり、冷蔵庫で1時間以上おいて味をなじませる。
3 器に盛り、白いりごまをふる。

効能
◎体力回復
◎便秘緩和
◎エイジングケア

薬膳メモ

アボカドは疲労感や元気を回復させ、気力を養ってくれる食材。便秘や乾燥肌にも効果的なので、気になっている方にもおすすめ。食べすぎるともたれやすいので要注意。

ふわっと香る五香粉で
アジアンテイストに

ローストかぼちゃの五香粉マリネ

材料（2〜3人分）
かぼちゃ…200〜300g
塩・オリーブ油…各少々
A ホワイトバルサミコ酢…50mℓ
（またはりんご酢大さじ2＋はちみつ小さじ1/3）
はちみつ…大さじ1/2
五香粉…小さじ1
五香粉…適量

作り方
1 かぼちゃは1cm幅の薄切りにする。
2 オーブンペーパーを敷いた天板に**1**を並べ、塩をふり、オリーブ油をかける。200℃に予熱したオーブンで15〜20分焼く。
3 フライパンに**A**を入れて火にかけ、軽く煮つめたら**2**を加えてからめる。耐熱の保存容器に入れて粗熱をとり、冷蔵庫で1時間以上おいて味をなじませる。
4 器に盛り、五香粉をふる。

効能
◎巡りアップ
◎冷え緩和

薬膳メモ
かぼちゃはからだを温め、胃の働きを高めてくれるうえ、疲労回復も期待できる食材。巡りを促してくれる五香粉と、バルサミコのやさしい酸味で食欲もアップ！ 美肌効果も。

じゃがいもより
軽いから、
パクパクと食べられる！

長いもポテサラ

材料（作りやすい分量）
長いも…250g
きゅうり…2本
塩…小さじ⅓
A マヨネーズ…大さじ2
　酢…大さじ1
白いりごま…適量

作り方
1 長いもはひと口大に切り、きゅうりは薄い輪切りにする。
2 耐熱ボウルに長いもを入れ、ラップをかけて電子レンジで4～5分加熱し、フォークで粗くつぶす。
3 ボウルにきゅうりを入れ、塩を加えてもみ、水けをしぼる。
4 **2**に**3**、**A**を加えて混ぜ合わせて粗熱をとり、冷蔵庫で1時間以上おく。
5 器に盛り、白いりごまをふる。

効能
◎疲労回復
◎エイジングケア
◎乾燥肌緩和

薬膳メモ
長いもは疲労回復とエイジングケアにぴったりの食材。さらに、からだの中から潤す効果もあるため、乾燥する時季にもおすすめ。きゅうりはからだの余分な水分を排出してくれます。

ごぼうの漬けもの

材料（作りやすい分量）
ごぼう…30cm
A めんつゆ（2倍濃縮）…150㎖
酢…20㎖
はちみつ…大さじ1
赤唐辛子（あれば）…1本

作り方

1 ごぼうは3〜4cm長さに切り、太い部分はさらに縦半分に切る。5分ほど水にさらす。

2 鍋に湯を沸かし、**1**を入れて3分ほどゆでて水けをきる。

3 鍋の湯を捨ててさっと拭き、**A**を入れて火にかけ、煮立たせる。**2**を加え、再度煮立ったら火を止める。耐熱の保存容器に入れ粗熱をとり、冷蔵庫で1時間以上おく。

効能
◎便秘緩和
◎デトックス
◎更年期ケア（特にほてり）

薬膳メモ

ごぼうはからだの不要なものを排出させる効果が高い食材。また、こもった熱を鎮めてくれるので、ほてりや便秘の緩和にも効果的。

あっさりとした
切り干し大根に、
ほたての旨みをプラス

切り干し大根とほたてのサラダ

材料（作りやすい分量）
切り干し大根（乾燥）…60g
きゅうり…1本
ほたて水煮缶…40g（固形量）
A めんつゆ（2倍濃縮）…大さじ2
ごま油…小さじ1
酢…大さじ1
塩…1つまみ

作り方
1 切り干し大根は水に3分ほど浸けてもどし、水けをしぼる。きゅうりはせん切りにする。
2 ボウルに1、汁ごとのほたて缶、Aを入れて混ぜ合わせる。冷蔵庫で1時間以上おいて味をなじませる。

効能
◎胃腸回復

薬膳メモ
大根は切り干し大根にすることでからだを冷ます効能を穏やかにしつつ、腸内環境を整えてくれます。

クリームチーズ風 みそ漬け豆腐

水きりをして濃厚に。
たんぱく質もしっかりとれて◎

材料（作りやすい分量）
木綿豆腐…1丁
A みそ…大さじ4
酒・はちみつ…各大さじ1
粗びき黒こしょう…適量

作り方

1 耐熱容器に豆腐を入れ、ラップはかけずに電子レンジで3分加熱する。キッチンペーパーに包んで網付きのバットに入れ、上から重しをのせて冷蔵庫で3時間以上おく。

2 キッチンペーパーを新しいものに取り替えて豆腐を包んだら、混ぜ合わせた**A**をキッチンペーパーの上から豆腐の全面に塗り込む。

3 全体をラップで包み、冷蔵庫で半日以上おく。

＊1日以上おくとよりおいしい。

効能
◎咳や痰の緩和
◎乾燥肌緩和
◎更年期ケア（特にほてり）

薬膳メモ
豆腐は余分な熱がこもった時に取り除いてくれる効果を持つ食材。便秘や空咳、お肌の乾燥を緩和する効果もあります。

【調味料のこと①】

COLUMN

塩・砂糖のこと

海水100%の自然塩や
からだにやさしいてんさい糖
などを使っています

砂糖は保湿効果があるので、適度な摂取は潤いのある肌を保ち、若々しさにつながります。また、喉の乾燥にも良いので、風邪予防にも欠かせません。私が使っているのはてんさい糖や黒糖、ココナッツシュガー。これらはミネラルが多く含まれているのでおすすめです。塩はからだの熱を放出する効果があるので、日頃のイライラしている時にも取り入れたい調味料。海水100%で昔ながらの伝統製法で作られた海塩がおすすめです。

しょうゆのこと

天然醸造の古式じょうゆや
発酵・熟成させた濃口しょうゆ、
こだわりの白だしを使います

しょうゆは塩と効能が似ていて、熱を放出する効果が期待できます。からだのほてりを感じる時はもちろん、心がザワザワと落ち着かない時にも取り入れて、ほっと一息つくのがベスト。しょうゆは、丸大豆しょうゆ、古式じょうゆなど、大豆や塩など、原料にこだわっているものを選び、白だしも使います。大容量でリーズナブルなボトルも魅力的ですが、1ヵ月に1種類ずつなど、少しずつでもこだわりを探してみるのも楽しいですよ。

Part 2

からだが喜ぶ温かい野菜のおかず

からだの内側から温めてくれるおかずで、
身も心もほっと一息つきましょう。
内臓を温めることで、
臓器の動きが活発になるので、
効果を発揮しやすい
からだ作りにもつながります。

アンチョビの旨みと
塩けがたまらない

菜の花と卵のアンチョビマヨ

材料（2〜3人分）
菜の花…150g
アンチョビ…2枚
卵…3個
にんにく（みじん切り）…1かけ分
A マヨネーズ…大さじ3
　りんご酢…小さじ1
　粗びき黒こしょう…少々
オリーブ油…大さじ1

作り方
1 アンチョビは細かく刻む。
2 鍋に塩適量（分量外）を入れた湯を沸かし、菜の花を入れて30秒〜1分ゆでて取り出す（湯はとっておく）。粗熱がとれたら水けをしぼって3〜5cm長さに切る。
3 **2**の湯に卵を入れ、10分ほどゆでたら氷水にとり、殻をむく。
4 フライパンにオリーブ油、**1**、にんにくを入れて弱火で熱し、焦げないように注意しながら5〜8分炒める。
5 ボウルに**A**を入れ、**4**を加えて混ぜ合わせる。**3**を2〜3等分に割りながら加え、**2**を加えてあえる。

効能
◎疲労回復
◎ストレス緩和
◎美肌

薬膳メモ

血の巡りを促す菜の花は、ストレス緩和や体力回復に有効。血を生み出す卵とアンチョビを合わせてからだの巡りもアップ。血流停滞が原因のくすみも緩和。

新玉ステーキ

玉ねぎの甘味を引き立てるオーブン焼き

材料（作りやすい分量）
新玉ねぎ…2個
白ワイン…大さじ2
塩・オリーブ油・ピンクペッパー（つぶす）…各適量
パルミジャーノチーズ（スライス）…20g

作り方
1 玉ねぎは皮つきのまま縦半分に切る。
2 天板にオリーブ油を薄く塗り、塩少々をふり、**1**の切り口を上にして並べてのせる。白ワイン、塩1つまみ、オリーブ油大さじ1をかけ、180℃に予熱したオーブンで20～30分焼く（途中焦げ目がついてきたらアルミホイルをかけて焼き加減を調節する）。
3 器に盛り、塩、オリーブ油、ピンクペッパー各適量をかけ、パルミジャーノチーズを散らす。

効能
◎巡りアップ
◎冷え緩和
◎ストレス緩和

薬膳メモ
玉ねぎは巡りを促す効果を持つ食材。ストレスが溜まって、ため息が多い方にもおすすめです。また、冷えを緩和してくれる効果もあるので、寒暖差のある時季にもぜひどうぞ。

自家製の寿司酢を使うだけ！
簡単だけど豪華な一品

春キャベツのローストサラダ

材料（作りやすい分量）
春キャベツ…1/2個
塩…2つまみ
A 自家製寿司酢（P78参照／昆布やクコの実適量）…60mℓ
オリーブ油…大さじ3
オリーブ油…大さじ2

作り方
1 キャベツは芯を残したまま、4等分のくし形切りにする。
2 フライパンにオリーブ油を熱し、**1**を並べ入れて塩を1つまみふり、蓋をして弱火で8分ほど蒸し焼きにする。焼き色がついたら上下を返し、残りの塩をふり、蓋をして弱火で4分ほど蒸し焼きにする。
3 器に盛り、混ぜ合わせた**A**をかける。

効能
◎胃腸回復
◎ゲップ緩和
◎エイジングケア

薬膳メモ
キャベツは、エイジングケアのほかにも胃もたれやゲップの緩和、五臓の回復など、回復力を高めてくれる効果のある食材。

子どもも喜ぶ！ 食欲をそそるカレー味で

カレーにんじんガレット

材料（作りやすい分量）
にんじん…5〜6本
塩…1つまみ
A 白すりごま…40g
粉チーズ…30g
カレー粉…小さじ1
オリーブ油…大さじ1
粉チーズ…適量

作り方

1 にんじんはせん切りにする。

2 耐熱ボウルに**1**を入れ、塩をふり、ラップをかけて電子レンジで3分加熱する。**A**を加えて混ぜ合わせる。

3 フライパンにオリーブ油を熱し、**2**を円形に広げ入れて平らにし、蓋をして弱火で10分ほど蒸し焼きにする。上から押しつぶし、再び蓋をして弱火で3分ほど蒸し焼きにする。上下を返してカリッとなるまで焼く。

4 器に移し、粉チーズをふる。

効能
◎目の不調
◎潤いアップ
◎ストレス緩和

薬膳メモ

にんじんは目の不調やドライアイ、からだの潤い不足にぴったりの食材。カレー粉のスパイスは、ストレス緩和に効果的。

そら豆とカリフラワーのフリットパルミジャーノ風味

食材の食感をいかしてシンプルな味つけに

材料（作りやすい分量）
そら豆…正味150g
カリフラワー（白・紫）…合わせて150g
A
薄力粉…100g
パルミジャーノチーズパウダー…大さじ3
ガーリックパウダー・チリパウダー…各小さじ½
塩・こしょう・粗びき黒こしょう…各適量
B
炭酸水（冷えたもの／または冷えたビール）…130mℓ
米油（またはサラダ油）…大さじ1
揚げ油・粗びき黒こしょう…各適量

作り方
1 そら豆は薄皮に切り込みを入れる。カリフラワーは小房に分ける。
2 鍋に塩適量（分量外）を加えた湯を沸かし、**1**を入れて1分ほどゆで、水けをきる。そら豆は薄皮をむく。
3 ボウルに**A**を入れて混ぜたら、**B**を加えて混ぜ合わせる。
4 フライパンに5～8cm深さの揚げ油を160℃に熱し、**2**を**3**にくぐらせ、きつね色になるまで揚げる。
5 器に盛り、粗びき黒こしょうをふる。

効能
◎疲労回復
◎食欲不振
◎潤いアップ

薬膳メモ
胃腸の働きを高めて、食欲不振を緩和してくれるそら豆とカリフラワー。むくみ緩和、疲労回復の効果もあるので、晩酌の一品にも◎。

冬瓜のくるみみそ黒こしょう風味

トロトロの冬瓜に、甘いくるみみそをのせて

材料（2～3人分）
冬瓜…1/4個
くるみ…50g
A 塩麹…大さじ2
しょうゆ…大さじ1
B 酒・はちみつ…各大さじ2
しょうゆ…小さじ1
水…400mℓ
みそ・ごま油…各大さじ1
水溶き片栗粉…片栗粉小さじ1＋水小さじ2
粗びき黒こしょう…適量

作り方
1 冬瓜は食べやすい大きさに切る。くるみは砕く。
2 鍋に冬瓜、水、**A**を入れて蓋をして火にかける。煮立ったら弱火にし、汁けが少なくなるまで煮る。
3 小鍋にごま油を中火で熱し、くるみを入れて香りが出るまで炒める。**B**を加えて混ぜ、みそを加えて混ぜながら加熱する。水溶き片栗粉を加えてとろみをつける。
4 器に**2**を盛り、**3**をかけ、粗びき黒こしょうをふる。

効能
◎胃腸回復
◎デトックス
◎エイジングケア

薬膳メモ
からだの余分な水分や熱を取り除き、むくみやほてりを緩和してくれる冬瓜。くるみはエイジングケアにおすすめの食材です。

手が止まらない
カリほくポテト

材料（作りやすい分量）
じゃがいも…小8～10個
塩…適量
オリーブ油…適量

作り方

1 じゃがいもは洗って皮つきのまま耐熱容器に入れ、塩をまぶす。ラップをかけて電子レンジで4分加熱し、上下を返してさらに4分加熱したら、半分に切り、包丁の腹で軽くつぶす。

2 オーブンペーパーを敷いた天板に**1**を並べ、塩、オリーブ油をかける。

3 220℃に予熱したオーブンで15分ほど焼く。

効能
◎疲労回復
◎胃腸回復

薬膳メモ

じゃがいもは、体力やストレスの回復にもってこいの食材。また、胃腸の働きを高めるのにもおすすめ。元気が出る野菜です。

ヤンニョム風甘辛長いも

サクサクの長いもに
ヤンニョムダレが
からんで美味！

材料（作りやすい分量）
長いも…20cm
A 片栗粉…大さじ3
塩…1つまみ
B みりん…80mℓ
トマトケチャップ…大さじ3
コチュジャン…大さじ2
はちみつ…大さじ1
塩…1つまみ
オリーブ油…大さじ3
パセリ（みじん切り）…適量

作り方
1 長いもは1cm厚さの輪切りにし、太い部分は半分に切る。ボウルに入れ、**A**をまぶす。
2 フライパンにオリーブ油を中火で熱し、**1**を並べ入れて焼く。両面に焼き色がついたら一度取り出す。
3 同じフライパンに**B**を入れて混ぜ、**2**を戻し入れてからめる。
4 器に盛り、パセリを散らす。

効能
◎疲労回復
◎冷え緩和
◎エイジングケア

薬膳メモ
長いもは疲労回復やエイジングケアにぴったり。回復力もグンと上がるので、疲れが溜まった時ほど取り入れてほしい食材。

買ってきた
焼きいもを
オーブンで焼くのも
おすすめ！

おさつチーズ

材料（作りやすい分量）
さつまいも…2本
パルミジャーノチーズパウダー（または粉チーズ）…大さじ4

作り方
1 さつまいもは洗って皮つきのまま耐熱容器に入れ、ラップをかけて電子レンジで4〜6分加熱し、1・5cm厚さの輪切りにする。
2 オーブンペーパーを敷いた天板に半量のパルミジャーノチーズをまんべんなく広げ、**1**を並べてのせる。残りのパルミジャーノチーズをかける。
3 220℃に予熱したオーブンで15分ほど焼く。

効能
◎疲労回復
◎便秘緩和
◎潤いアップ

薬膳メモ
さつまいもは風邪予防、便秘緩和、胃腸の働きを高める効果があります。気力を補ってくれる食材なので、なんとなくやる気が出ない時にも◎。

じゅわ旨 大根ステーキ

材料（作りやすい分量）

大根…15cm

スライスチーズ…5枚

A 塩…1つまみ
水…50mℓ

B みりん…80mℓ
しょうゆ…50mℓ
かつお節…15g

はちみつ…大さじ2

オリーブ油…大さじ1

かつお節…適宜

作り方

1 大根は3cm厚さの輪切りにし、十字の隠し包丁を入れる。耐熱容器に入れ、**A**を加え、ラップをかけて電子レンジで12分加熱する。

2 フライパンにオリーブ油を熱し、**1**を並べ入れ、蓋をして弱火～中火で8分ほど蒸し焼きにする。焼き色がついたら上下を返し、**B**を加えてからめ、両面にタレが染みてきたらはちみつを加えてからめる。

3 スライスチーズを1枚ずつのせ、再び蓋をして3分ほど蒸し焼きにする。

4 器に盛り、フライパンに残ったタレをかけ、お好みでかつお節をのせる。

お出汁が
ジュワッと
広がるおいしさ

効能

◎胃腸回復
◎食欲不振

薬膳メモ

大根は胃腸の働きを高めてくれる食材。消化不良を緩和する作用があるので、やさしくおなかの働きをリセットしてくれます。

べ応えのあるれんこんで、
おなかも満たされる！

れんこん南蛮

材料（作りやすい分量）

れんこん…300g

A
- 片栗粉…大さじ3
- 塩…1つまみ

B
- みりん…大さじ3
- しょうゆ・酢…各大さじ2

はちみつ…大さじ2
ごま油…大さじ2
七味唐辛子…適量

作り方

1 れんこんは5㎜厚さの輪切りにしてボウルに入れ、**A**を加えてまぶす。

2 フライパンにごま油を中火で熱し、**1**を入れてさっと炒める。全体に油がまわったら蓋をして、弱火で10分ほど蒸し焼きにする。

3 **B**を加えて炒め、はちみつを加えてからめる。

4 器に盛り、七味唐辛子をふる。

効能

◎咳や痰の緩和
◎貧血緩和
◎抗コレステロール

薬膳メモ

れんこんは血の巡りを整え、貧血緩和や抗コレステロールの効能を持つ食材。肺を潤してくれるから咳を鎮める効果も。乾燥が強くなってくる季節や、咳が出やすいお子さまにもおすすめ。

梅の酸味にはちみつの甘さがやさしい

梅はちみつかぶのロースト

材料(作りやすい分量)

かぶ…4個

梅干し(種は取り除く)…1個分

A
- オリーブ油…大さじ3
- りんご酢…大さじ2
- はちみつ…大さじ1

塩…2つまみ

オリーブ油…大さじ1

作り方

1 かぶは8等分のくし形切りにする。梅干しはたたいてペースト状にする。

2 ボウルに梅干し、**A**を入れて混ぜ合わせる。

3 フライパンにオリーブ油を中火で熱し、かぶを並べ入れ、塩をふって動かさずに焼く。焼き色がついたら上下を返し、やわらかくなるまで焼く。

4 器に盛り、**2**をかける。

効能

◎疲労回復
◎食欲不振
◎冷え緩和

薬膳メモ

かぶは、おなかの冷え緩和にぴったりの食材。胃腸の働きも良くしてくれるから、食欲不振にも効果的。梅干しと合わせて疲労回復も。

ブロッコリーのじゃこ炒め バルサミコ風味

材料（作りやすい分量）
ブロッコリー…1株
ちりめんじゃこ…20g
A ホワイトバルサミコ酢…大さじ3
（またはりんご酢大さじ2＋はちみつ小さじ1/3）
しょうゆ…大さじ1
ごま油…大さじ1

作り方
1 ブロッコリーは食べやすい大きさの小房に分ける。
2 フライパンにごま油を中火で熱し、ちりめんじゃこを入れてカリカリになるまで炒める。1を加え、焼き色がつ いて火が通るまで焼く。
3 Aを加えてさっと炒める。

効能
◎疲労回復
◎エイジングケア

薬膳メモ
エイジングケアや血の巡り、虚弱体質の改善も期待できるブロッコリー。ちりめんじゃこと合わせると疲労回復力も高まります。

バルサミコ酢の
やさしい
酸味が広がる

長ねぎのロースト 小えび フレッシュトマト ドレッシング

食卓がパッと
明るくなる
彩りの良いおかず

材料（作りやすい分量）
長ねぎ（白い部分）…1本
ミニトマト…10～12個
小えび（乾燥）…15g
塩…1つまみ
A
オリーブ油…大さじ3
りんご酢…大さじ2
はちみつ…小さじ1
塩…小さじ1/3
オリーブ油…大さじ1

作り方
1 長ねぎは3㎝長さに切り、ミニトマトは4等分に切る。
2 アルミホイルに長ねぎをのせ、塩、オリーブ油をかける。魚焼きグリルで、焼き色がついて中がやわらかくなるまで15分ほど焼く。
3 フライパンを熱し、小えびを入れて乾煎りする。
4 ボウルに**3**、ミニトマト、**A**を入れて混ぜ合わせる。
5 器に**2**を盛り、**4**をかける。

効能
◎巡りアップ
◎冷え緩和
◎エイジングケア

薬膳メモ
長ねぎは悪寒や冷えをとり除き、発汗作用があるので風邪にも有効な食材。えびと組み合わせることで胃腸の働きを高め、エイジングケアも期待できます。

甘旨大豆

材料（作りやすい分量）
大豆（水煮）…100g
A 片栗粉…大さじ3
塩…2つまみ
B みりん…50mℓ
しょうゆ…大さじ1
はちみつ…大さじ1と½
オリーブ油…大さじ1
黒いりごま…適量

作り方
1 大豆はキッチンペーパーで押さえて水けを拭き取り、ボウルに入れ、**A**を加えてまぶす。
2 フライパンにオリーブ油を中火で熱し、**1**を入れてカリッとなるまで焼く。**B**を加えてさっと炒めたら、はちみつを加えて全体にからめる。
3 器に盛り、黒いりごまをふる。

効能
◎胃腸回復
◎むくみ緩和

薬膳メモ
大豆は胃腸の回復と、余分な水分を排出してむくみ改善の手助けをしてくれる効果が高い食材。黒いりごまをプラスして、回復力もアップ！

見た目も歯応えも、
まるで鶏の唐揚げ!

ヤミツキ!高野豆腐の唐揚げ

材料(作りやすい分量)

高野豆腐…4個

A しょうゆ・みりん…各大さじ4
しょうがのふりかけ(P80参照)…大さじ2(またはしょうがのみじん切り・しょうゆ・みりん各大さじ1)
ごま油…大さじ1
にんにく(みじん切り)…小さじ1

片栗粉…大さじ4
オリーブ油…適量
塩…1つまみ
レモン(くし形切り)…1切れ

作り方

1 高野豆腐は50℃の湯に30秒ほど浸けてもどし、水けをしぼる。

2 ポリ袋に**A**を入れて混ぜ合わせ、**1**をひと口大にちぎって加える。もみ込んだら片栗粉をまぶす。

3 フライパンに5~8cm深さのオリーブ油を180℃に熱し、**2**を入れてカリッとなるまで揚げる。

4 器に盛り、塩をふり、レモンを添える。

薬膳メモ

高野豆腐は血の巡りを良くし、貧血緩和や腸内環境を整える作用があり、腹持ちも良いのでダイエットにも。

効能
◎便秘緩和
◎貧血緩和
◎ダイエット

【調味料のこと②】

COLUMN

酢のこと

有機純米酢やりんご酢、ホワイトバルサミコ酢を使い分けます

酢は血流を良くしたり、胃腸の調子を整えてくれる効果があります。米が原料の米酢は、米にある気を補う効果、りんご酢はりんごの胃腸の不調を整える効果が合わさります。さわやかな酸味のホワイトバルサミコ酢は、普通の酢より酸味が強くないので使いやすくておすすめですが、ない場合は、りんご酢大さじ2＋はちみつ小さじ1/3を合わせて使ってみてください。米酢はなるべく有機栽培米のものを使うようにしましょう。

オイルのこと

香りと風味が違うオイルを使い分けて料理に奥深さを加えます

調理の時や風味をプラスするのに欠かせない油。オリーブ油とココナッツオイルはからだや皮膚の乾燥を潤す、ごま油は抗酸化作用が強いので、老化を防ぐ効果が期待できます。米油はビタミンEが豊富に含まれており、野菜に多く含まれるビタミンCと一緒に取ることで、抗酸化作用が高まり、血管を若々しく保ちつつ血流も良くなり、からだの巡りアップにつながります。料理によって使い分けたり、体調に合わせて使うオイルを変えてみて。

Part
3

からだが喜ぶ
野菜のスープ

野菜から溶けてしまった栄養も、
余すことなく取り入れられるスープ。
疲れている時や、体調が優れない時に
パパッと作れるスープから、
ポタージュにして野菜の旨みを
存分に味わえるスープまでご紹介。

キャベツの甘味が
口の中いっぱいに広がる！

丸ごとキャベツ鍋

材料（作りやすい分量）
キャベツ…1個
大根…20cm
にんじん…1本
豚こま切れ肉…400g
A しょうゆ…大さじ3
野菜麹（P67参照／または鶏がらスープの素）…大さじ1
鶏がらスープの素…大さじ1
水…250mℓ

作り方

1 キャベツは十字の切り込みを深めに入れる。大根、にんじんは5mm厚さのいちょう切りにする。

2 ストウブ（または鍋）にキャベツを入れ、キャベツの切り込みに豚肉をはさむ。鍋の空いているスペースに大根、にんじん、**A**を加える。

3 蓋をして弱火〜中火で10〜15分蒸し煮にする。

＊蓋が閉まらない場合、ステンレスのボウルなどをかぶせる。

効能
◎体力回復
◎胃腸回復

薬膳メモ

キャベツは健康の要になる胃腸の働きを高めるので、体調を崩しがちな時におすすめの食材。胃もたれ、胃痛を感じやすい方にも。

溶き卵を回しかけて、
ボリューム感アップの
アレンジも◎

10分レタススープ

材料（作りやすい分量）
レタス…1/2個
長ねぎ…10cm
わかめ（乾燥）・クコの実…各大さじ3
A 鶏がらスープの素…小さじ1（または塩麹大さじ1と1/2）
しょうゆ…大さじ2
水…400mℓ
みりん…大さじ2

作り方
1 長ねぎは小口切りにする。
2 鍋に**A**を入れて中火にかけ、レタスをちぎって加える。わかめ、クコの実を加えて煮立たせる。
3 **1**、みりんを加えてさっと煮る。

効能
◎不眠緩和

薬膳メモ
レタスは、心を落ち着かせ、不眠を緩和する効果のある食材。クコの実と合わせることで効果が上がるので、ぜひ一緒に取り入れてみて。

回復中華スープ

食欲そそる味わいで、
からだの内側から元気に！

材料（作りやすい分量）
鶏むね肉…150g
長ねぎ…1本
黒きくらげ（生）…50g
（乾燥の場合7g／水でもどす）
卵…2個
糸寒天（乾燥）…10g
水…1ℓ

A
みりん…大さじ3
しょうゆ…大さじ2
しょうがふりかけ（P80参照）…大さじ1（またはしょうがのみじん切り大さじ1/2）

ごま油…大さじ1
塩…2つまみ

作り方

1 鶏肉は皮を取り除く。長ねぎは1cm厚さの輪切りにし、きくらげは細切りにする。ボウルに卵を割り入れて溶く。

2 鍋に鶏肉、水を入れて中火にかけ、鶏肉が白っぽくなるまで加熱する。長ねぎ、きくらげ、**A**を加えて煮立たせ、弱めの中火にして5分ほど煮る。

3 鶏肉を取り出し、ほぐして戻し入れる。塩を加え、再び煮立ったら溶き卵を回し入れてさっと混ぜる。

4 火を止め、糸寒天を加えてさっと混ぜる。

効能
◎体力回復
◎巡りアップ
◎デトックス

薬膳メモ

卵や鶏肉、きくらげでしっかりとからだを回復しつつ、寒天で排出力をアップすることで、心とからだにやさしく溜め込まないリズムを生み出せます。

ビーツとベーコンのポタージュ

栄養満点のビーツをポタージュにして

材料（2～3人分）
ビーツ…1個（200g）
玉ねぎ…1/4個
じゃがいも…1個
ベーコン（ブロック）…50g
A ┌水…400mℓ
　└塩麹…大さじ2
お好みのミルク…200mℓ
塩・こしょう…各適量
オリーブ油…適量

作り方

1 ビーツはいちょう切り、玉ねぎは薄切りにし、じゃがいもはひと口大に切る。

2 鍋にオリーブ油大さじ2を中火で熱し、**1**を入れて炒め、油がまわったら**A**を加えて蓋をする。沸とうしたらベーコンを加え、具材がやわらかくなるまで蓋をして弱火で煮る。

3 ベーコン、トッピング分のビーツ適量を取り出し、1cm角に切る。

4 **2**の鍋にお好みのミルクを加え、塩、こしょうで味を整え、ブレンダー（またはミキサー）で攪拌する。

5 器に盛り、**3**を散らし、オリーブ油適量を回しかける。

効能
◎疲労回復
◎貧血緩和
◎エイジングケア

薬膳メモ

鉄分が豊富なビーツは胃腸の働きを整えて消化不良を改善してくれるので、疲労回復に効果的。血の巡りを高めてくれます。

食材2つのカリじゃがスープ

温かくて甘い、やさしいスープ

材料（作りやすい分量）
カリフラワー…300g
じゃがいも…1個
水…300㎖
塩…1つまみ
塩麹…大さじ2
粗びき黒こしょう…適量

作り方
1 カリフラワーはひと口大に切る。じゃがいもはすりおろす。
2 鍋にカリフラワー、水、塩を入れて中火にかける。やわらかくなるまで10分ほど煮たら、トッピング分のカリフラワー適量を取り出し、残りはブレンダー（またはミキサー）でなめらかになるまで攪拌する。
3 **1**のじゃがいも、塩麹を加えて混ぜ、さらに3分ほど煮る。
4 器に盛り、カリフラワーを散らし、粗びき黒こしょうをふる。

効能
◎慢性疲労感
◎デトックス

薬膳メモ
疲れて重たくなる心とからだに、不要なものを排出してくれるカリフラワーとじゃがいもを使ったスープを。頑張りすぎたからだがスッと軽くなるはず。

えびと白菜、ゆずこしょうの春雨スープ

ゆずこしょうの香りがふわっと広がる

材料（2〜4人分）
えび（殻つき）…8尾
白菜…5枚
黒きくらげ（生）…50g
（乾燥の場合7g／水でもどす）
たけのこ（ゆでたものまたは水煮）
…1/2本
長ねぎ…1/2本
しょうが…1かけ
春雨（乾燥）…30g
水…500mℓ
A 塩麹…大さじ2
しょうゆ…大さじ1
ゆずこしょう
…小さじ1/2
塩…少々
ごま油…大さじ1
ゆずこしょう…適宜

作り方

1 えびは殻をむき、背ワタを取り除いて厚さを半分に切る。
2 白菜、きくらげは細切りにする。たけのこは薄切り、長ねぎは斜め薄切りにし、しょうがはせん切りにする。
3 鍋にごま油を中火で熱し、**1**を入れてさっと炒めたら一度取り出す。
4 **3**の鍋に水、**2**を入れて火が通るまで煮たら春雨を加え、やわらかくなるまで煮る。
5 **A**を加え、**3**を戻し入れて味を整える。
6 器に盛り、お好みでゆずこしょうをのせる。

薬膳メモ

白菜は胃腸の働きを整えて消化を促すので、便秘や肌荒れに効果的。たけのこのデトックス効果と合わせて、潤いが生まれます。

効能
◎潤いアップ
◎冷え緩和
◎デトックス

里いもと豚ひき肉の豆乳みそ汁

豆乳のマイルドさが
ほっとする一杯

材料（2〜4人分）
豚ひき肉（粗びき）…100g
里いも…200g
白ねりごま…大さじ2
だし汁…400mℓ
A 豆乳（成分無調整）…100mℓ
　みそ…大さじ2
白ごま油…大さじ1

作り方
1 里いもは2〜3等分に切る。
2 鍋に白ごま油を中火で熱し、ひき肉を入れて色が変わるまで炒める。**1**を加えてさっと炒め、だし汁を加える。アクを取り除きながら、里いもがやわらかくなるまで煮る。
3 ボウルに白ねりごま、**2**の汁大さじ2を入れて溶かし混ぜ、**2**に加える。
4 **A**を加えてさっと混ぜる。

効能
◎疲労回復
◎潤いアップ
◎エイジングケア

薬膳メモ
疲労回復効果の高い里いもは、胃や腸の粘膜を保護する働きもある、おなかにやさしい食材。豆乳と合わせて潤いアップの効果も。

五穀のミネストローネ

効能
◎胃腸回復
◎巡りアップ

薬膳メモ

野菜は煮込むことで胃腸への負担がかかりにくくなります。雑穀を加えることで、胃腸回復やからだの停滞を緩和します。

野菜たっぷり＆
はと麦や黒豆も入って
満腹感も◎

材料（2〜4人分）
ベーコン…80g
玉ねぎ…1個
にんじん…1/2本
キャベツ…1/8個
ミニトマト…8〜10個
さやいんげん…5本
にんにく（つぶす）…1かけ分
五穀
- 煎り大豆（市販）・煎り黒大豆（市販）…各30g
- はと麦・キヌア・そばの実…各20g

水…800ml
塩麹…大さじ3
オリーブ油…大さじ2

作り方

1 ベーコンは5mm〜1cm幅に切り、玉ねぎ、にんじんは1cm角に切る。キャベツは1cm四方に切り、ミニトマトは半分に切る。さやいんげんは5mm幅の斜め切りにする。五穀は水でさっと洗う。

2 鍋にオリーブ油を中火で熱し、にんにく、ベーコンを入れて炒める。ベーコンから脂が出てきたら、玉ねぎ、にんじんを加え、玉ねぎが薄く色づくまで炒める。キャベツ、五穀を加え、キャベツがしんなりするまで炒める。

3 水、塩麹、ミニトマト、さやいんげんを加えて、蓋をして弱火で20分ほど煮る。

大豆と玉ねぎ、鶏手羽元のトマトスープ

トマトベースのスープに
煎り大豆の香りがマッチ

材料（作りやすい分量）

鶏手羽元…10本
塩…2つまみ
玉ねぎ…1と½個
にんじん…1本
にんにく（つぶす）…3かけ分
煎り大豆（市販）…100g
トマト水煮缶（カットタイプ）…1缶
A 水…800mℓ
　塩麹…大さじ3
オリーブ油…大さじ2
パセリ（みじん切り）…適量

作り方

1 鶏手羽元は塩をふる。玉ねぎは粗みじん切りにし、にんじんは7㎜角に切る。

2 鍋にオリーブ油、にんにくを中火で熱し、薄く色づいてきたら鶏手羽元を入れ、全体に焼き色がつくまで焼く。

3 玉ねぎ、にんじんを加えてしんなりするまで炒めたら、煎り大豆、**A**を加えて弱火で20〜30分煮る。トマト缶を加えてひと煮する。

4 器に盛り、パセリを散らす。

効能
◎疲労回復
◎巡りアップ
◎美肌

薬膳メモ

玉ねぎやトマトは気血の巡りをしっかり促してくれる食材。しみやそばかすが気になったり、ストレスが溜まりがちでからだが重い時にぴったり。

とろ旨白菜シチュー

野菜の旨みたっぷりで、
塩けはベーコンだけの
やさしい味わい

材料（作りやすい分量）
白菜…½個（1kg）
玉ねぎ…1個
ベーコン（ブロック）…100g
野菜麹（P67参照／または塩麹）・
　小麦粉…各大さじ2
牛乳…200mℓ
植物油…大さじ1
粗びき黒こしょう…適量

作り方

1 白菜は1cm幅に切り、玉ねぎは薄切り、ベーコンは拍子木切りにする。

2 鍋に植物油を中火で熱し、ベーコンを入れて香りが出るまで炒める。玉ねぎを加えてさっと炒め、白菜、野菜麹を加える。蓋をして弱火で10分ほど蒸し煮にする。

3 小麦粉を加えて混ぜ合わせ、牛乳を加えて混ぜながらひと煮立ちさせる。

4 器に盛り、粗びき黒こしょうをふる。

効能
◎便秘緩和
◎ストレス緩和

薬膳メモ

白菜は胃腸の働きを整える効果がある食材。白菜で排出力を高めつつ、豚肉で回復力をアップします。心とからだに届くように、小麦粉と牛乳の効果も加えて。

とろっと長いもスープ

口当たりが良く、
じんわりからだを温める

材料(作りやすい分量)
長いも…200g
卵…1個
水…300㎖
だしパック…1個
しょうゆ…大さじ2
小ねぎ(小口切り)…適量

作り方
1 長いもはすりおろす。ボウルに卵を割り入れて溶く。
2 鍋に水を入れて火にかけ、沸とうしたらだしパックを加えて弱火にし、4分ほど煮出したら取り出す。
3 長いも、しょうゆを加えて混ぜ、煮立ったら溶き卵を回し入れてさっと混ぜる。
4 器に盛り、小ねぎを散らす。

効能
◎慢性疲労感
◎エイジングケア

薬膳メモ
長いもと卵は疲労回復の効果が高く、お出汁の不要なものを排出する力とともにからだの回復を促します。からだに違和感を感じた時や病後の回復にも◎。

大満足オートミールとキャベツのスープ

材料（1人分）
キャベツ…50g
ミニトマト…3個
卵…1個
オートミール（クイックタイプ）…大さじ3
野菜麹（下記参照）…小さじ1
熱湯…150㎖
パセリ（みじん切り）…適量

作り方

1 キャベツはせん切りにし、ミニトマトは4等分に切る。

2 大きめのマグカップにキャベツを詰め、オートミールを加える。野菜麹を中央に、ミニトマトを外側にのせる。中央に卵を割り入れ、ようじで卵黄に穴をあける。

3 熱湯を加え、ラップをかけて電子レンジで2分30秒加熱し、パセリを散らす。

効能
◎疲労回復
◎ダイエット

薬膳メモ
疲労回復を促す卵やキャベツ、オートミールでボリュームたっぷりの一品に。巡りを高める野菜麹で、からだの中から温まります。

キャベツのカサと、
オートミールのとろみで
食べ応え満点

野菜麹

保存期間：冷蔵30〜50日
冷凍2ヶ月

材料（作りやすい分量）
玉ねぎ…250g
にんじん…100g
米麹…100g
塩…50g

作り方

1 玉ねぎ、にんじんはミキサー等でペースト状にする（すりおろしてもOK）。

2 ボウルに米麹、塩を入れてよく混ぜ、**1**を加えて混ぜ合わせる。清潔な瓶に移し、常温で1日1回混ぜて10日ほどおいたら、冷蔵庫で保存する。

はと麦にんじんポタージュ

にんじんの甘味を
野菜麹で底上げ!

材料(作りやすい分量)
にんじん…250g
はと麦…大さじ3
野菜麹(P67参照/または塩麹)…大さじ1
水…400mℓ
牛乳(または豆乳)…100mℓ

作り方
1 にんじんは5mm〜1cm厚さの輪切りにする。
2 鍋に**1**、はと麦、野菜麹、水を入れて中火にかける。やわらかくなるまで煮たら、トッピング用のはと麦を適量取り出し、残りはブレンダー(またはミキサー)でなめらかになるまで撹拌する。牛乳を加えて温める。
3 器に盛り、はと麦をのせる。

効能
◎目の不調
◎潤いアップ
◎美肌

薬膳メモ
にんじんには、からだの潤いを促したり、血の巡りアップや、ドライアイの緩和等の働きがあります。はと麦と合わせることでからだの中からしっかりと潤い、疲労回復にも効果的。

グリーンピースの香りが
口の中いっぱいに広がる！

グリーンピースポタージュ

材料（3人分）
グリーンピース…300g
玉ねぎ…1/2個
フライドオニオン（市販）…10g
A 水…200mℓ
塩麹…大さじ2
牛乳…300mℓ
塩…適量
バター…10g
生クリーム・チャービル（あれば）…各適量

作り方
1 玉ねぎは薄切りにする。
2 鍋にバターを中火で熱し、**1**を入れてしんなりするまで炒める。**A**、グリーンピース、フライドオニオンを加えてやわらかくなるまで煮たら、ブレンダー（またはミキサー）でなめらかになるまで撹拌する。
3 牛乳を加えて火にかけ、塩で味を整える。
4 器に盛り、軽く泡立てた生クリームを回しかけ、チャービルをのせる。

効能
◎体力回復
◎むくみ緩和

薬膳メモ
胃腸の働きを整えて、からだの余分な水分を排出し、むくみや重だるさにも有効なグリーンピース。消化が良いので、回復食に。

【調味料のこと③】

本みりん・酒のこと

米醗酵から生まれた芳醇な本みりんや旨み成分が豊富な料理酒を

昔から「酒は百薬の長なり」と言われてきた酒は、適量であればからだを温める、ストレスを解消するなどの効能があります。また、料理の旨みの底上げや、食材をやわらかくする効果もあるので減塩にも。みりんにも何種類かありますが、米醗酵で作られた、芳醇な香りがある本みりんがおすすめです。主原料などを見て、お好みのものを探してみて。子どもが口にする料理に使用する場合は、アルコールを十分に飛ばしてから使いましょう。

その他の調味料

クセがなくやわらかい香りのはちみつやトマト水煮缶も調味料として取り入れます

加糖や精製のはちみつよりは少し値段は高くなりますが、天然のはちみつを使うことで、殺菌作用は段違い。また、甘味が強いので、砂糖よりも少なく、そして自然の甘味で調理をすることができます。胃腸の働きを高めるので、ちょっと食欲がない時、疲れた時にも取り入れたい調味料です。そして薬膳の観点から、トマト缶やツナ・さば缶などの缶詰も、しっかりと作用を期待できます。すぐに使えるトマト缶はストックがベスト。

Part
4

からだが喜ぶ野菜のごはん・麺レシピ

米や麺といった糖質は、薬膳でいう気を補うのに欠かせない食材です。回復や胃腸の働きを高める効果もあるので、野菜と一緒に取り入れることで、さらに栄養を吸収しやすくなります。普段の食事でも取り入れられるのが、「まいにち薬膳」のポイントです。

野菜たっぷりドライカレー&にんじんカレーピラフ

野菜たっぷりドライカレー

材料（作りやすい分量）
豚ひき肉…150g
玉ねぎ…1個
セロリ…1本
かぶ…1個

A
レーズン・クコの実…各30g
トマトケチャップ…大さじ2
カレー粉・パプリカパウダー
…各大さじ1
塩…適量

水…250mℓ

作り方
1 野菜はすべてみじん切りにする。
2 フッ素樹脂加工のフライパンに玉ねぎ、ひき肉を入れて炒め、ひき肉がポロポロになったら他の野菜を加えてさっと炒める。**A**を加え、混ぜながら汁けをとばすように炒める。

メモ
玉ねぎ以外の野菜は、大根の葉1本分や、カリフラワー50gなど、余り野菜でOK
肉：野菜が1：2の分量まで入れてOK

にんじんカレーピラフ

材料（作りやすい分量）

米…3合
もち麦…大さじ3
にんじん…小2本
レーズン…30g
A カレー粉・ターメリック…各大さじ1
　塩…1つまみ
　水…600mℓ

作り方

1 米、もち麦は合わせてとぎ、水けをきる。
2 ストウブ（または鍋）に1を入れ、にんじん（太い場合、2〜4等分する）、レーズンをのせ、Aを加えてさっと混ぜる。
3 蓋をして強火にかけ、沸とうしたら弱火で12分ほど炊く。火を止めて5分以上蒸らし、しゃもじでにんじんを切りながら混ぜ合わせる。

にんじんの甘味を
堪能できるピラフに、
ドライカレーをかけて

効能
◎疲労回復
◎体力回復
◎巡りアップ

薬膳メモ

豚肉と玉ねぎの疲労回復効果をたっぷり盛り込みつつ、閉じこもりがちなからだと心をスパイス等でしっかり巡らせます。にんじんは目の疲れにもおすすめ。

さつまいもの季節には、ゴロゴロと入れて食べたい!

さつまいもごはん

材料(作りやすい分量)
米…3合
さつまいも…1本
ひじき(乾燥)…大さじ2
A 酒…20㎖
塩…1つまみ
水…580㎖

作り方
1 米はとぎ、水けをきる。さつまいもは洗って皮つきのまま1~1.5㎝厚さの輪切りにする。
2 ストウブ(または鍋)に米を入れ、さつまいもを並べてのせる。**A**を加えてさっと混ぜ、ひじきを加える。
3 蓋をして強火にかけ、沸とうしたら弱火で12分ほど炊く。火を止めて5分以上蒸らし、混ぜ合わせる。

効能
◎疲労回復
◎便秘緩和
◎貧血緩和

薬膳メモ

さつまいもは気を養う食材。消化吸収され、補気力が高いさつまいもとお米の組み合わせに、血を増やすひじきを足していつものごはんをグレードアップ!

もち麦まいたけごはん

もち麦の
プチプチ感と、
口の中に広がる
きのこの香りが
後を引く

材料（作りやすい分量）
米…3合
もち麦…50g
まいたけ…2パック
ひじき（乾燥）…大さじ1
昆布（乾燥）…5cm
A しょうゆ・みりん…各大さじ3
　塩…1つまみ
　水…600mℓ

作り方
1 米、もち麦は合わせてとぎ、水けをきる。
2 ストウブ（または鍋）に**1**を入れ、**A**を加えてさっと混ぜる。ひじきを加え、昆布をキッチンバサミで細切りにして加え、まいたけを裂いて加える。
3 蓋をして強火にかけ、沸とうしたら弱火で12分ほど炊く。火を止めて5分以上蒸らし、混ぜ合わせる。

効能
◎免疫力アップ
◎抗コレステロール
◎美肌

薬膳メモ
まいたけは、免疫力アップや胃腸の働きを整えてくれる食材。また、コレステロール低下や、糖尿病の予防、肥満予防にも効果があります。もち麦には美肌効果も。

牛肉とガーリック、くるみ、長ねぎのチャーハン

くるみがアクセントになって◎
牛肉との相性も抜群

材料（作りやすい分量）

牛こま切れ肉…200g
長ねぎ…½本
くるみ…30g
溶き卵…2個分
ごはん…400g
にんにく（粗みじん切り）…2かけ分
塩…小さじ½〜1
しょうゆ…大さじ2
ごま油…大さじ2
小ねぎ（小口切り）・粗びき黒こしょう…各適量

作り方

1 牛肉は細かく切り、長ねぎはみじん切りにし、くるみは粗く刻む。

2 ボウルにごはん、溶き卵を入れて混ぜ合わせる。

3 フライパンにごま油、にんにくを中火で熱し、**2**を加えてパラパラになるまで炒め、牛肉、くるみを入れてさらに炒める。

4 長ねぎ、塩を加えて炒めたら端に寄せ、空いたスペースにしょうゆを加えて熱する。ふつふつとして香りが出てきたら全体に混ぜ合わせる。

5 器に盛り、小ねぎを散らし、粗びき黒こしょうをふる。

効能

◎疲労回復
◎冷え緩和

薬膳メモ

疲労感を軽減し、元気を回復してくれる卵や牛肉を、胃腸の働きを高めてくれるお米と一緒に。くるみと合わせることでエイジングケアも期待できます。

特製ちらし寿司

自家製寿司酢のマイルドな酸味が後を引く！

材料（2〜3人分）
塩鮭…1切れ
卵…2個
チンゲン菜…1株
温かいごはん…2膳
自家製寿司酢（下記参照／クコの実適量）…大さじ2
オリーブ油…大さじ1

作り方
1 鮭は魚焼きグリルで焼き、骨を取り除いてほぐす。ボウルに卵を割り入れて溶く。
2 耐熱容器にチンゲン菜を入れ、ラップをかけて電子レンジで2分加熱する。ざく切りにして水けをしぼる。
3 フライパンにオリーブ油を中火で熱し、溶き卵を流し入れて炒り卵を作る。
4 別のボウルに**1**の鮭、**2**、**3**を入れて混ぜ合わせる。
5 別のボウルに温かいごはんを入れ、寿司酢を加えて混ぜ合わせる。
6 器に**5**を盛り、**4**をのせ、寿司酢のクコの実をのせる。

効能
◎慢性疲労感
◎目の不調
◎肩こり緩和

薬膳メモ
鮭や卵には疲労回復や養血の効能があるので、巡りと回復を同時に取り入れられます。眼精疲労にも良い食材です。酸味はモヤモヤした心の疲れに届きます。

自家製寿司酢

保存期間：冷蔵1ヵ月

材料（作りやすい分量）
昆布…10cm
クコの実…30g
酢…100mℓ
砂糖…30〜40g
塩…10g

作り方
保存容器にすべての材料を入れて混ぜ合わせ、30分〜1晩おく。

野菜たっぷり鶏飯風

鶏のお出汁を
たっぷりかけて
いただく極上のごはん

効能
◎疲労回復
◎巡りアップ
◎エイジングケア

薬膳メモ
食欲がない時もさらっと食べられる一品。血流を高めてくれる黒きくらげと、気を補ってくれる鶏肉やお米で疲労回復効果を高めて。

材料（お茶わん2〜3杯分）
鶏むね肉（皮なし）…1枚
鶏手羽元…5本
塩…適量
干ししいたけ…4枚
黒きくらげ（生／細切り）…50g
チンゲン菜（ざく切り）…100g
ミニトマト（4等分）…6個分

A
砂糖・しょうゆ…各大さじ2
みりん…大さじ1
酒…小さじ1

B
しょうゆ・みりん・酒…各大さじ2
塩…小さじ1と1/2
水…800mℓ

ごま油…大さじ2
塩麹…小さじ2
ごはん・錦糸卵…各適量

作り方

1 干ししいたけは水200mℓ（分量外）でもどし、薄切りにして鍋に入れ、もどし汁と**A**を加えて弱めの中火で汁けがなくなるまで煮つめて取り出す。

2 鶏むね肉は開いて平らにし、軽く塩をふり、5分ほどおく。

3 **1**の鍋をさっと洗い、**2**、鶏手羽元、**B**を入れて中火でひと煮立ちさせ、弱火にして10分ほど煮込む。火を止め、そのまま冷ましておく。

4 **3**の鶏むね肉はそぎ切りにし、鶏手羽元はほぐす。スープは別の容器に移す。

5 フライパンにごま油を中火で熱し、きくらげとチンゲン菜をそれぞれさっと炒め、塩麹を小さじ1ずつ加えてからめる。

6 器にごはんを盛り、すべての具、錦糸卵を盛りつけ、**4**のスープを添えてかけながらいただく。

しょうがの
食感を残して
ピリッと辛い、
大人のふりかけ

しょうがふりかけごはん

材料（作りやすい分量）
しょうが…300g
A　みりん・めんつゆ（2倍濃縮）…各80mℓ
B　はちみつ…大さじ2
　塩…1つまみ
白いりごま…適量
温かいごはん…適量

作り方
1　しょうがはフードプロセッサーでみじん切りにする。
2　フッ素樹脂加工のフライパンに**1**、**A**を入れて弱〜中火にかけ、混ぜながら汁けが少なくなるまで炒める。
3　**B**を加え、汁けがなくなるまでさらに炒める。
4　器に温かいごはんを盛り、**3**をのせる。

薬膳メモ

効能
◎冷え緩和

熱を生む力の強いしょうが。ゾクゾクする寒けや、風邪のひき始めにも有効な食材です。

なすのかば焼きごはん

うなぎ風でごはんがモリモリ進む！

材料（作りやすい分量）
なす…8本
片栗粉…大さじ3
塩…2つまみ
A めんつゆ（2倍濃縮）・水…各100mℓ
はちみつ…大さじ1
酢…小さじ1
オリーブ油…大さじ1
温かいごはん…適量
粉山椒…適量

作り方

1 なすは皮をむいて耐熱容器に入れ、ラップをかけて電子レンジで4〜6分加熱する。開いて平らにし、バットに並べ、片栗粉、塩をふる。

2 フライパンにオリーブ油を中火で熱し、**1**を並べ入れて焼く。焼き色がついたら混ぜ合わせた**A**を加えて煮つめる。

3 器に温かいごはんを盛り、**2**をのせ、粉山椒をふる。

薬膳メモ

なすはこもった熱を排出する効能を持つ食材。吹き出物ができやすかったり、便秘やイライラにピンときたらおすすめです。忙しい時期の溜め込むからだに◎。

効能
◎巡りアップ
◎むくみ緩和

菜園風トマトパスタ

様々な野菜が
たっぷりと入って、
元気がみなぎる！

材料（2人分）
玉ねぎ…1/2個
パプリカ（赤・黄）…各1/2個
なす…1本
ズッキーニ…1/2本
にんにく（つぶす）…1かけ分
トマト水煮缶（カットタイプ）…1缶
スパゲッティ（1・4㎜）…140g
塩…1つまみ
白ワイン…50㎖
粉チーズ…適量
オリーブ油…大さじ1

作り方

1 玉ねぎは1・5㎝四方に切る。パプリカは乱切り、なす、ズッキーニは1㎝厚さの輪切りにする。

2 フライパンにオリーブ油、にんにくを弱火で熱し、香りが出てきたら**1**、塩を入れてしんなりするまで炒める。白ワインを加えてひと煮立ちさせ、トマト缶を加えて中火で煮つめる。

3 鍋に塩適量（分量外）を加えたたっぷりの湯を沸かし、スパゲッティを入れて袋の表示より1分短くゆで、水けをきる。

4 **3**を**2**に加え、粉チーズを加えてからめる。

効能
◎胃腸回復
◎巡りアップ

薬膳メモ

トマトやパプリカで血流を高めつつ、夏野菜で水分代謝やからだの巡りを促します。野菜は胃腸の働きを高める効果も期待できます。

ミニトマトパスタ

赤と緑の彩りが鮮やかで、
目からも楽しめる一品

材料（2人分）
ミニトマト…25個
スナップえんどう…4本
にんにく（つぶす）…3かけ分
スパゲッティ（お好みのもの）…140g
塩…2つまみ
オリーブ油…大さじ3

作り方
1 ミニトマトは半分に切り、スナップえんどうは筋を取り除き、さっとゆでて開く。
2 フライパンにオリーブ油大さじ1、にんにくを中火で熱し、香りが出てきたらミニトマトを加えて炒める。ミニトマトがやわらかくなったら塩1つまみを加えて混ぜる。
3 鍋に塩適量（分量外）を加えたたっぷりの湯を沸かし、スパゲッティを入れて袋の表示通りにゆで、水けをきる。
4 **3**を**2**に加えてからめ、塩1つまみ、オリーブ油大さじ2を加えてさっと炒める。
5 器に盛り、スナップえんどうをのせる。

効能
◎疲労回復
◎ストレス緩和
◎美肌

薬膳メモ
ストレス緩和や肌荒れに効果があり、効能が高いミニトマト。スナップえんどうと合わせてからだの巡りを整える効果もプラス。

キヌアとツナ、オレンジ、ハーブたっぷりのサラダパスタ

ハーブをたっぷりのせた冷製パスタで、気持ちもすっきり！

効能
◎ストレス緩和
◎デトックス
◎更年期ケア（特にほてり）

薬膳メモ
栄養価の高いキヌアに、イライラやほてりに良いオレンジやトマトを合わせて。ハーブで停滞しがちな気を流しましょう。

材料（2人分）
キヌア…10g
カッペリーニ（0・9㎜）…120g
ツナ油漬け缶…1缶
水…40㎖

A
オリーブ油…50㎖
ホワイトバルサミコ酢…30㎖
レモン汁・りんご酢…各大さじ1
塩・はちみつ…各小さじ1/2
玉ねぎ（すりおろし）…小さじ1/4

B
トマト（くし形切り）…1個分
オレンジ（果肉を取り出す）…1個分
黒オリーブ（粗みじん切り）…適量
オリーブ油…大さじ1
塩…小さじ1
クレイジーソルト…小さじ1/2

お好みのハーブ…1つかみ

作り方

1 鍋にキヌア、水を入れて火にかけ、蓋をして弱火で20分ほど炊く。炊き上がったら10分ほどおいて蒸らす。
2 ボウルに**1**、**A**を入れて混ぜ合わせ、30分以上おく。
3 別のボウルに**B**、ツナ缶を油ごと入れて混ぜ合わせる。
4 鍋に塩適量（分量外）を加えたたっぷりの湯で、カッペリーニを入れて袋の表示通りにゆでたら水にとり、水けをきる。
5 別のボウルに**4**を入れ、**2**を大さじ2、**3**を加えて混ぜ合わせたら器に盛り、ハーブをのせる。

いろいろ豆と豆乳とパルミジャーノのクリームパスタ

豆のさまざまな食感が楽しい！栄養もしっかりチャージ

材料（2人分）

そら豆…10～12粒
スナップえんどう…6～8本
さやいんげん…5本
グリーンピース…大さじ3
玉ねぎ（薄切り）…1個分
ベーコン（粗みじん切り）…40g
スパゲッティ（1・4㎜）…140g
にんにく（みじん切り）…小さじ1
豆乳（成分無調整）…200㎖
粉チーズ…大さじ1
塩・こしょう…各適量
オリーブ油…大さじ1
パルミジャーノチーズ（スライス）…適量

作り方

1 そら豆はさっとゆでて皮をむく。スナップえんどうは筋を取り除いて開く。さやいんげんは3㎝長さの斜め切りにする。

2 フライパンにオリーブ油、にんにく、ベーコンを中火で熱し、香りが出てきたら玉ねぎを入れてしんなりするまで炒める。

3 **1**、グリーンピース、豆乳を加えて軽く煮つめる。鍋に塩適量（分量外）を加えたたっぷりの湯を沸かし、スパゲッティを入れて袋の表示より1分短くゆで、水けをきる。

4 **3**を**2**に加え、粉チーズを加えてからめる。塩、こしょうで味を整える。

5 器に盛り、パルミジャーノチーズをかける。

効能
◎疲労回復
◎潤いアップ

薬膳メモ

フレッシュな豆は、胃腸の働きを高めてくれるとともに、からだの不要な水分を排出してくれます。豆乳や豚肉で疲労回復や、潤いアップ効果も。

たけのこときくらげ、青じそのアーリオオーリオ

ゴロゴロ具材だけど、素材の味を生かしたシンプルなパスタ

材料（2人分）
たけのこ（ゆでたものまたは水煮）…200g
黒きくらげ（生）…50g
（乾燥の場合7g／水でもどす）
スパゲッティ（1・4㎜）…140g

A
アンチョビ…6枚
にんにく（みじん切り）…2かけ分
赤唐辛子（輪切り）…1本分

塩麹…小さじ1
青じそ（せん切り）…8枚分
オリーブ油…大さじ2

作り方

1 たけのこは下のかたい部分は短冊切りにし、上のやわらかい部分は1～1・5㎝幅のくし形切りにする。きくらげは1㎝幅に切る。

2 フライパンにオリーブ油、**A**を中火で熱し、香りが出てきたらたけのこ、きくらげを加えて炒める。

3 鍋に塩適量（分量外）を加えたたっぷりの湯を沸かし、スパゲッティを入れて袋の表示より1分短くゆで、水けをきる。

4 **3**を**2**に加え、塩麹を加えて混ぜ合わせる。

5 器に盛り、青じそをのせる。

効能
◎胃腸回復
◎巡りアップ
◎デトックス

薬膳メモ

便秘や胃もたれの緩和におすすめのたけのこと、血の巡りを促してくれる黒きくらげ、気を巡らせる青じそをからめて。不要なものを排出して、からだも心も軽くしてくれます。

材料（2人分）
水菜…1株
にら…1束
ミニトマト…8個
うどん（冷凍）…2玉
さば水煮缶…1缶
A 赤からし菜（5㎝幅に切る）…5〜8本分
しょうゆ…大さじ2
ごま油…大さじ1と½
白いりごま・酢…各大さじ1
はちみつ…小さじ2

作り方

1 水菜は5㎝長さ、にらは5㎜幅に切り、ミニトマトは小さめの乱切りにする。

2 ボウルににら、ミニトマト、**A**を入れて混ぜ合わせる。

3 鍋にたっぷりの湯を沸かし、うどんを入れてさっとゆでて冷水にとり、水けをきる。

4 器に**3**を盛り、水菜、汁けをきったさば缶をのせ、**2**のにらトマトダレをかける。

にらトマトダレ
保存期間：冷蔵3日

効能
◎巡りアップ
◎エイジングケア
◎更年期ケア

薬膳メモ

血の気を補う力をぐっと高めてくれるさばと、冷えを緩和し、血流を促し血の質を高めてくれるにら。更年期、エイジングケアにも有効です。

さば缶と水菜、にらトマトダレの中華風うどん

骨ごと食べられる
さば缶は栄養満点！
さっぱりと召し上がれ

小麦粉ゼロのりんごケーキ

効能
◎便秘緩和
◎ストレス緩和

薬膳メモ
腸内環境を整えてくれるおからパウダーとりんご。便秘解消にも良いので、気になる人はカットして冷凍しておくのもおすすめ。

材料（作りやすい分量）
りんご…2個
卵…4個
ギリシャヨーグルト（または水きりヨーグルト）…300g
A
はちみつ…大さじ2
黒糖…大さじ1
B
おからパウダー…100g
ベーキングパウダー…3g
シナモンパウダー…大さじ2
アーモンドスライス…適量

作り方
1 りんごは5㎜厚さのいちょう切りにする。
2 ボウルに卵を割り入れて溶き、ギリシャヨーグルト、**A**を加えて混ぜ合わせる。
3 別のボウルに**B**を入れて混ぜ、**2**に加えて混ぜ合わせる。シナモンパウダーを加えて混ぜ、**1**を加えて混ぜる。
4 オーブンペーパーを敷いた型に**3**を入れて平らにし、アーモンドスライスを散らし、180℃に予熱したオーブンで30分以上、竹串を刺して生地がつかなくなるまで焼く。

保存期間：冷凍2週間

はちみつや
ジャムをかけて、
甘味をプラスしても◎

金柑の旬は冬。
風邪の予防にも
食べてほしい！

金柑とクコの実のはちみつコンポート

材料（作りやすい分量）
金柑…20〜30個
レモン…½個
クコの実…30g
はちみつ…大さじ4
ミント…適量

作り方
1 金柑は横半分に切り、ヘタと種を取り除く。レモンは皮をむき、果肉を5㎜角に切る。
2 小鍋に**1**、クコの実、はちみつを入れて中火で水分が出るまでさっと煮る。
3 器に盛り、ミントをのせる。

効能
◎二日酔い緩和
◎咳や痰の緩和
◎ストレス緩和

薬膳メモ
金柑はストレス緩和だけでなく、咳や痰、喉の痛みの緩和にも効果的な食材。

リーズナブルだけど、
手間をかけて
ちょっと贅沢気分な
デザート

完熟いちご大福

材料（作りやすい分量）
いちご…12個
あんこ（市販）…250g
A 上新粉…150g
　砂糖…40g
　水…270mℓ
片栗粉…適量

作り方
1 いちごはキッチンペーパーで水けを拭き取る。あんこは12等分し、いちごを包む。
2 耐熱ボウルに**A**を入れて混ぜ、ラップをかけて電子レンジで3分加熱し、一度取り出して混ぜ、再度ラップをかけ、さらに3分加熱する。
3 **2**に片栗粉をまぶし、12等分して薄く伸ばし、**1**を包む。

効能
◎体力回復
◎ストレス緩和

薬膳メモ
いちごは余分な熱を排出し、疲れた心を元気にしてくれる食材。上新粉には回復力アップの効果も。

効能別さくいん

著者　増子 友紀子

仏・伊料理人歴20年の元オーナーシェフ、料理家、栄養士。レストラン経営での多忙な日々で、体調を崩しお店を閉じるも、食から始まる健康を探し求めて国際薬膳師を取得。身近な食材の組み合わせだけで作る「まいにち薬膳」をテーマに、毎日の食と暮らしから自分を大切にするアイデアを発信・共有する「こしらえごと.Lab」を主宰。9歳児の母。

[撮影] … 馬場わかな
[スタイリング] … 鈴石真紀子
[デザイン] … 松本 歩、榎本理沙（細山田デザイン事務所）
[校正] … 西進社
[編集協力／執筆協力] … 丸山みき（SORA企画）
[編集アシスタント] … 樫村悠香、永野廣美（SORA企画）
[プリンティングディレクター] … 丹下善尚（図書印刷）
[編集長] … 山口康夫（MdN）
[担当編集] … 糸井優子（MdN）

身近な食材でからだが喜ぶ、野菜レシピ

2024年3月31日初版第1刷発行

[著者]	増子 友紀子
[発行人]	山口康夫
[発行]	株式会社エムディエヌコーポレーション 〒101-0051 東京都千代田区神田神保町一丁目105番地 https://books.MdN.co.jp/
[発売]	株式会社インプレス 〒101-0051 東京都千代田区神田神保町一丁目105番地
[印刷・製本]	図書印刷株式会社

購入者限定特典

お申し込みにはご氏名などの登録が必要となります。
あらかじめご了承ください。

https://www.reservestock.jp/subscribe/MmlyMWRhNTVmZ
※2024年9月末日までの限定特典です。

書籍未公開のレシピ2品とオンライン料理教室の案内（開催日以降はアーカイブを配信）があります。

定価はカバーに表示してあります。

【カスタマーセンター】
造本には万全を期しておりますが、万一、落丁・乱丁などがございましたら、送料小社負担にてお取り替えいたします。お手数ですが、カスタマーセンターまでご返送ください。

落丁・乱丁本などのご返送先
〒101-0051　東京都千代田区神田神保町一丁目105番地
株式会社エムディエヌコーポレーション カスタマーセンター
TEL：03-4334-2915

内容に関するお問い合わせ先
info@MdN.co.jp

書店・販売店のご注文受付
株式会社インプレス　受注センター
TEL：048-449-8040／FAX：048-449-8041

ISBN978-4-295-20650-7　C2077